La Bourse ou la Prison.

ÉPITRE

A

M. GUILLEBERT,

RECEVEUR DE L'ENREGISTREMENT.

PAR

BARTHÉLEMY.

PRIX : 2 FR. 25 CENT.

PARIS
A.-J. DENAIN, LIBRAIRE,
Propriétaire des Œuvres de MM. Barthélemy et Méry,
RUE VIVIENNE, N. 16.
1830
IMPRIMERIE DE J. TASTU.

LA BOURSE OU LA PRISON.

OUVRAGES DE MM. BARTHÉLEMY ET MÉRY.

Poëmes et Satires.

Epitre a M. de Villèle.	1 50
Sidiennes.	2 50
Les Jésuites.	2
Les Grecs, épître au Grand-Turc. . .	2
La Villéliade, 15ᵉ éd.	5
Rome a Paris, 5ᵉ éd.	2 50
La Peyronnéide, 5ᵉ édition.	1 50
Une Soirée chez Peyronnet, 6ᵉ éd.	1 50
Le Congrès des Ministres, 7ᵉ éd. . .	1 50
La Corbiéréide, 2ᵉ éd.	2 50
La Censure.	1 50
La Bacriade, ou la Guerre d'Alger, 2ᵉ éd.	2 50
Adieux aux Ministres, 3ᵉ éd.	1 50
Napoléon en Egypte, in-8, 8ᵉ éd. . .	7 50
Idem, in-18, 9ᵉ éd.	6
Marseille, ode.	1 25
. . . .	
Proces du Fils de l'Homme.	2 50
Waterloo. Au général Bourmont, 5ᵉ éd.	3
1830. Satire politique, 3ᵉ éd.	2 50

Pour paraître prochainement.

Douze Journées de la Révolution.

Imprimerie de J. Tastu, rue de Vaugirard, n. 36.

La Bourse ou la Prison.

ÉPITRE
A
M. GUILLEBERT,
RECEVEUR DE L'ENREGISTREMENT,

PAR

BARTHÉLEMY.

✳

Sur quoi estant interpellé de respondre, lequel des deux il cuydoit le plus advantageux à la chose publique, ou demourer libre à Rome, ou revertir ès Barbares, le dict vieil Regule, après avoir à part soi cogité et deliberé, respondit telles paroles « Mieulx vault gehéne et captifvité en Carthage, que non pas liberté à Rome, la rançon d'icelle estant moult dure et par trop chière. »

(PLUTARQUE, *traduction d'Amyot*)

PARIS

A.-J. DÉNAIN, LIBRAIRE,

PROPRIÉTAIRE DES OEUVRES DE BARTHÉLEMY ET MÉRY,

RUE VIVIENNE, N° 16

1830.

COPIE DE LA LETTRE DE M. GUILLEBERT.

TRIBUNAL
de
1re instance
de la Seine.

A^v 38, n. 561.

Paris, le 6 mai 1830.

Monsieur,

J'ai eu l'honneur de vous inviter, par ma lettre du 22 mars dernier, d'acquitter les amendes et frais auxquels vous avez été condamné par arrêt de la Cour royale du 7 janvier dernier, montant à

Savoir :

Amende.	1,000 fr.	00 c.
Dixième.	100	00
F. de 1ère I^{ce} et d'appel.. .	81	45
	1,181	45

Je vous réitère ma demande, s'étant glissé une erreur dans ma première, qui était de. . . . . 1,208 fr. 95 c.

Je vous engage à vous libérer d'ici au 10 du courant, pour ne pas mettre l'adm.^{on} dans le cas d'employer les voies judiciaires pour l'exécution de l'article 52 du Code pénal *.

J'ai l'honneur de vous saluer.

Le Receveur de l'enregistrement,

Signé **GUILLEBERT**.

---

* Art. 52. L'exécution des condamnations à l'amende, aux restitutions, aux dommages-intérêts et aux frais, pourra être poursuivie par la voie de la contrainte par corps.

M. Guillebert, receveur de l'enregistrement, m'a écrit pour m'inviter à acquitter le montant de mon amende; j'ai dû lui répondre, et je crois, dans l'intérêt général des hommes de lettres, que cette réponse doit être rendue publique.

Depuis près d'un an le Tribunal de police correctionnelle est en verve. Les saisies, les instructions, les réquisitoires, jugemens, condamnations, emprisonnemens et amendes surabondent au Palais de Justice. Le greffe criminel est en pleine prospérité; une foule de nouveaux noms sont promis à ses matricules, et il y a lieu de croire que Messieurs les gens du

Roi n'abandonneront pas de sitôt cette branche importante de leur industrie. Dans cet état de choses, j'ai pensé que je serais utile à mes confrères en leur donnant quelques notions préparatoires sur le lieu de notre détention, dernier résultat de toutes nos procédures.

Sainte-Pélagie, qui n'était autrefois pour la littérature qu'une résidence d'exception, semble être devenue aujourd'hui son domicile de droit. Le plus pur de nos écrivains politiques ou poétiques ne peut se dire à l'abri d'une condamnation imprévue, et la justice distributive des écrous pèse également sur tous les partis. Il n'est pas impossible de trouver un jour dans une même chambrée MM. Benjamin Constant et l'archevêque de Malines, à côté de MM. de Madrolle et Cottu, et je ne serais pas surpris que demain, dans le sombre corridor Saint-Louis, M. de Genoude vînt se briser contre les formes athlétiques de M. Châtelain.

On sent donc la nécessité pour les hommes de lettres, d'un fil pour les guider dans ce labyrinthe, d'un guide sûr, d'un manuel de choses et de lieux pour leur éviter les premiers embarras de leurs nouvelles habitudes. J'ose croire que cette épître, suivie de notes historiques et topographiques, leur sera de quelque secours; et, si j'arrive à ce but, j'aurai sujet de ne pas déplorer ma détention.

On voudra bien me pardonner de me mettre si souvent en scène : dans des détails presque tous individuels, le premier pronom personnel est indispensable. J'aurais bien pu recourir à un artifice de style, et mettre le *nous* à la place du *je* ; mais ce *nous*, trop souvent répété, deviendrait aussi fastidieux que son équivalent ; et d'ailleurs il serait parfois ridicule de l'employer ici, par exemple, comme si voulant parler de moi dans ma chambre, je disais : *Nous sommes seul.*

Sainte-Pélagie, le 9 mai 1830

Souffre que, conservant ma sévère étiquette,
Je réponde à ta prose en style de poëte;
Puisque j'ai fait subir ce langage des Dieux
A Menjaud-Dammartin, rival de Desglajeux¹,

A ma muse, à ton tour, prête une oreille humaine,
Et prouve que les vers entrent dans ton *domaine*.

Oui, dans ce domicile affranchi de loyer
Que la faveur royale a daigné m'octroyer,
A travers le guichet, j'ai reçu ta missive[2],
D'un fisc inexorable interprète expressive;
Aux douteuses lueurs de notre corridor,
Je l'ai lue : il paraît que je dois au Trésor,
Pour amende, pour frais et dépens légitimes,
Onze cent quatre-vingt-un francs, plus les centimes.
Le compte et le calcul sont parfaits en tout point,
Tu remplis un devoir, je n'en murmure point;
Je conçois que l'État, gêné dans ses finances,
Ramasse comme il peut ses petites créances;
Et puis, tout citoyen à l'heure du danger
Doit porter son tribut pour la guerre d'Alger.

Moi surtout, qui du Nil ai chanté la conquête,
J'applaudis des deux mains à cette sainte quête,
Heureux si je pouvais noliser en ballon
Nos modernes Croisés rassemblés à Toulon !
Puissent-ils rapporter de leur noble campagne
Les lauriers de la Grèce et le butin d'Espagne,
Ressusciter des faits à graver sur l'airain,
Trocadero sur terre et sur mer Navarin,
Et laisser en partant, aux plages de Lybie,
L'éternel souvenir de leur gloire amphibie !
Si, vainqueur du Soudan, le nouveau Godefroi
De cette autre Solyme un jour n'est pas le roi,
S'il préfère à ce sceptre un bâton militaire ;
Le jour où rentrera l'aigle du ministère,
Tout fier d'avoir saisi dans le creux de leur roc
Les vautours de Tunis, d'Alger et de Maroc,
Quand suivi de captifs, au milieu des fanfares,
A son char insolent traînant les rois barbares,

Il viendra déposer dans le temple des lois
Le coupable éventail conquis par ses exploits ;
Que ce coup du hasard, trophée expiatoire,
Réhabilite enfin ce failli de la gloire,
Et que dans le Sénat, sur son haut palanquin,
Il entre, salué du surnom d'Africain.

Mais quel transport m'égare ! Infidèle à mon titre,
Je vais faire un poëme en place d'une épître ;
Et toi, le doigt fixé sur ton code pénal,
Tu rappelles mes yeux vers l'article final.
Dois-je en faire l'aveu ? dans ta main menaçante,
La foudre du bureau sur moi glisse impuissante,
Le fisc a beau tonner, je le brave debout ;
Connais-moi, Guillebert, et poursuis jusqu'au bout.

Je l'ai trouvée ici, cette douce retraite
Que Corbière accordait à l'indigent poëte [3].

En condamnant ma muse à de longs repentirs,
Menjaud de Dammartin m'a fait ces doux loisirs [4].
Ici, vient expirer la tempête qui gronde
Sur les jours agités des habitans du monde;
C'est un port au milieu de l'orageux Paris;
Une éternelle paix règne sous nos lambris.
Jamais autour de nous le sapin de remise
Ne roule avec fracas sur le pavé qu'il brise;
Nous bravons sous l'abri de nos portes d'acier
Le matinal abord du subtil créancier;
Point de ces visiteurs vieux amis de collége
Qui, promenant partout leur dextre sacrilége,
Fouillent les noirs papiers du pudique écrivain,
Et de leur froid contact glacent'son feu divin.
Ah! si la liberté, transfuge involontaire,
Etait bannie un jour du reste de la terre,
Si son astre brillant quittait notre horizon,
On la retrouverait au sein d'une prison!

O vous, dont la douceur jamais ne rassasie,
Vous qui mieux qu'Apollon versez la poésie,
Solitude et silence, ineffables trésors !
L'homme bien vainement vous poursuit au dehors ;
Vos paisibles faveurs qui lui sont refusées
Se trouvent seulement dans nos Champs-Élysées,
Dans nos calmes dortoirs, dans nos désertes cours.
Il n'est plus ! les *Dettiers* l'ont conquis pour toujours [5],
Ce vieux *corridor-rouge* aux étroites limites [6],
Où priaient autrefois de profanes ermites ;
Mais dans ce corridor qu'on nomme Saint-Louis [7],
Les yeux par le soleil ne sont pas éblouis ;
A travers les barreaux nagent vers la paupière
Un moelleux clair-obscur, une douce lumière ;
C'est là que j'erre seul : quelquefois en marchant
Je prélude au début d'un poétique chant;
D'autres fois, je poursuis ma ligne accoutumée
En aspirant du tube une longue fumée,

Et de mes maux passés le souvenir amer
Fuit, avec la vapeur, de l'écume de mer.

Non, jamais sous le toit de nos vieux monastères,
Ces béats indolens, Lucullus solitaires,
Bénédictins dodus, ou théatins vermeils,
N'eurent des jours si doux et des loisirs pareils :
Jamais dans ma cellule une cloche argentine
Ne m'arrache du lit pour aller à matine ;
Je puis faire mon somme ou ma prière à Dieu.
Ai-je faim ? à l'instant je vois luire le feu ;
Le Vatel du logis, restaurateur sans carte [8],
M'apprête le festin d'un citoyen de Sparte,
Et ma main à huis-clos verse un moka brûlant.
Faut-il accélérer l'estomac indolent ?
Je dirige mes pas vers les fraîches arcades
D'une cour dévolue à mes noirs camarades [9];

Là croissent lentement, sous un soleil jaloux,
Douze arbustes sans fruits écroués comme nous [10];
Sur le front qui réclame un abri tutélaire,
Leur feuillage amaigri projette une ombre claire,
Et pourtant cet aspect semble doux à nos yeux.
Mais sitôt que juillet vient nous vomir ses feux,
Les rameaux calcinés par la chaleur intense
Figurent des gibets, des fourches de potence,
Et d'une scène étrange analogues décors,
Semblent au lieu de fruits devoir porter des corps.

Ainsi ma vie esclave est de fleurs enchaînée;
Légère comme un songe ainsi fuit la journée;
La nuit vient, l'heure sonne, et de mon doux manoir
Le benin guichetier vient *boucler* le fermoir [11].
Là, sur un noir pavé dont j'ai compté les briques,
Je puis former en long trois pas géométriques [12];

Le boudoir n'est pas vaste, il faut en convenir,
Mais il suffit encor pour aller et venir.
Oh! que ne puis-je ici, poëte cénobite,
Peindre, comme Gresset, ce réduit que j'habite !
Tu verrais, pêle-mêle épars sur trois rayons,
Lettres, cartons, papiers, livres, plumes, crayons,
Des journaux du matin les feuilles profanées,
L'informe manuscrit de mes *Douze Journées* [13],
Quelques vases grossiers sur leur base indécis,
Tels qu'en pouvaient avoir Philémon et Baucis ;
La coupe au teint vineux, et l'hydraulique amphore,
Et le nocturne éclair qu'allume le phosphore,
Et mes longs vêtemens ridés contre les murs,
Et mille objets sans nom dans les angles obscurs,
Assemblage confus qui dignement s'accole
Au noble mobilier de la *double pistole* [14].

Mais quoi! dans ce palais gardé par cent verroux,
En comptant mes loisirs j'ai caché le plus doux!
Puissent-ils excuser ma coupable lacune,
Ces joyeux commensaux, compagnons de fortune,
Qu'au sceptre de Mangin a confiés Thémis!
En passant le guichet nous sommes tous amis;
Le cercle du matin est chez eux; la soirée
Groupe dans mon salon leur troupe resserrée:
Bert, au visage calme, au suave entretien [15];
Châtelain, du *Courrier* inflexible soutien [16],
Qui dans son noble cœur, foyer de sa doctrine,
Conserve une ame forte autant que sa poitrine;
Magalon, le héros de la captivité [17].
Que de fois devant nous sa bouche a récité
Du voyage à Poissy la fameuse torture!
C'est le baron de Trenck de la littérature [18];
Son vaste souvenir, répertoire de faits,
Retrace sans efforts trois règnes de préfets;

Il sait de tous les temps les mœurs et les usages [19].
Des moindres porte-clefs il connaît les visages ;
D'un pas leste et superbe il parcourt la prison,
Et l'on croit voir en lui le fils de la maison.

A ce cercle choisi venait se joindre encore
Fontan, que chaque jour notre plainte déplore.... [20].
La veille où dans Poissy fut jeté le martyr,
A son dernier agape il nous fit consentir,
Et contre la douleur qu'un dernier adieu laisse,
De son propre courage arma notre faiblesse.

Tu le vois, Guillebert, de mes tranquilles jours
Ce seul jour de tristesse a suspendu le cours.
En vain pour m'ébranler ton zèle me signale
L'article de la loi que tu nommes pénale ;
Va, je n'accuse pas le rigoureux destin :
A quoi bon me débattre en prisonnier mutin ?

Il le faut, j'y souscris. Trop heureux le poëte
Qui lègue à son public le tourment de sa dette!
Sitôt qu'enveloppé de ses amis en deuil,
De Sainte-Pélagie il a franchi le seuil [21],
Soudain, chaque lecteur dont il se fit l'idole
Au tronc du publicain vient jeter son obole,
Et de tous ces épis la civique moisson
De l'illustre captif complète la rançon.
Te serais-tu flatté que la main populaire
Viendrait de mes délits acquitter le salaire?
A quel titre? J'ai bien semé depuis six ans
Quelques milliers de vers qu'on dit assez cuisans;
On m'a vu quelquefois, dans une âpre satire,
Des élus du pouvoir consommer le martyre;
Mais hélas! du Parnasse infirme nourrisson,
Je n'ai pu me grandir jusques à la chanson,
Et fonder le massif d'une gloire certaine
Sur des trelin tin tin et des faridondaine.

Ainsi, dûment puni de mon obscurité,

Du stupide Plutus enfant déshérité,

Ne pouvant t'adoucir par l'argument qui sonne,

Je vois bien qu'il faudra payer de ma personne.

Viens donc, viens dans le greffe où je fus accueilli,

Rajeunir mon écrou que trois mois ont vieilli ;

Je jure d'obéir sans déserter ce poste,

A l'enregistrement je m'offre en holocauste,

Et puisque par les fers l'or peut être acheté,

Dès ce jour, pour six mois, je vends ma liberté.

Résumons en deux mots : ta caisse me demande

Onze cent quatre-vingt-un francs pour mon amende;

Or, par mois cette somme, en calculant sans dol,

Fait cent nonante-sept ", comme dit Mérindol.

Eh bien ! dans ses rigueurs qui ne sont qu'apparentes,

Ta loi m'offre un moyen de me créer des rentes,

Moi qui jusqu'à ce jour, poëte insoucieux,
N'ai vu pour avenir que ma part dans les cieux.
Guillebert, tu sauras si ma constance est ferme
Et tu pourras ainsi, jusqu'à son dernier terme,
Forçant ton débiteur à ce pénible gain,
Sur un chétif Ouvrard parodier Séguin [23].

NOTES.

NOTES.

APERÇU GÉNÉRAL SUR SAINTE-PÉLAGIE.

L'ensemble de cette Bastille plébéienne figure un parallélogramme régulier, formé de quatre grands massifs de bâtimens opposés aux quatre points cardinaux. La façade de la vieille entrée, située à la partie de l'ouest, rue de la Clef, présente une architecture bizarre, qui annonce vaguement une sinistre destination; elle est recrépie d'un ciment rougeâtre incrusté de petits cailloux dont l'assemblage produit une grossière mosaïque; d'étroits soupiraux grillés sont disséminés aux différens étages, et deux guérites où n'entra jamais le sommeil flanquent la lourde et etroite porte du guichet, sur laquelle retombe un gigantesque fronton.

Tout autour de l'édifice régnaient autrefois un chemin de ronde, et une haute muraille qui l'enlaçait comme les fossés d'un vieux château; mais ce mur a été remplacé au midi, par une immense construction tout-à-fait récente. Cette haute façade, blanche, lisse, et percée de quelques meurtrières, est assez dans le goût des maisons mahométanes, qui n'ont pas de fenêtres sur la rue. La porte principale dessinée en arceau a quelque chose de grandiose ; elle ne s'ouvre que dans les occasions solennelles, dans les jours d'apparat, à l'arrivée des procureurs-généraux ou du préfet de police ; c'est l'entrée d'honneur ; quant au modeste guichet qui se trouve à gauche, il suffit à la plèbe des petits criminels, vagabonds, malfaiteurs et hommes de lettres.

Le style d'architecture de cette partie neuve est mieux exprimé à l'intérieur ; là, au lieu de ces maussades fissures qui attristent la rue du *Puits-l'Hermite*, s'ouvrent de hautes et larges fenêtres à cintre, régulièrement superposées en deux lignes, et soutenues par un péristyle en arcades. On est frappé de cet aspect en entrant dans la première cour, et l'on est tenté de croire que ce corps de bâtiment, clair et vaste, a été moins construit pour une prison que pour des greniers d'abondance ou des salles d'exposition industrielle : par malheur ces larges appartemens sont encore sans utilité et vierges de locataires ; mais les maçons y travaillent toujours avec ardeur, et il y a tout lieu de croire que leurs constructions seront entièrement terminées avec la seconde galerie du Louvre et l'arc de triomphe de l'Etoile.

L'espace qui se trouve entre cette haute inutilité et le bâtiment en face, forme une cour longue et pavée, dont l'usage n'est accordé aux prisonniers que d'après une permission expresse. J'espère qu'on en continuera la jouissance aux délits politiques. Une fois dans cette enceinte on a devant soi la vieille Sainte-Pélagie dont le mur décrépit, les sales fenêtres et la toiture délabrée attristent la vue. On y remarque cependant à droite, sur le comble, une jolie petite lucarne avec ses persiennes et ses grilles vertes; c'est la chambre d'un prisonnier de la dette, M. Carcassonne, rédacteur d'un journal utile et courageux : le *Pauvre Jacques*, pilori hebdomadaire des incarcérateurs de Paris. Cette petite habitation si bien peinte, si haut perchée, contraste agréablement avec l'ensemble terne et désolé du reste, comme ces touffes de plantes fortuites qui s'élèvent au sommet des ruines. La nuit, une sentinelle veille dans la cour, et d'autres factionnaires parcourent en même temps le long et magnifique belvéder pratiqué sur la haute toiture de tout l'édifice.

Ce chemin de ronde aérien est coupé par des guérites de distance en distance, et l'extrémité du côté de l'est se termine par un paratonnerre. Nous ignorons à qui l'on doit cette construction préservatrice ; dans le doute, il est juste de l'attribuer aux soins des créanciers incarcérateurs, intéressés à garantir les jours de leurs insolvables patiens. Il serait bien doux, sans doute, pour ce peuple de captifs qui habitent les regions subalternes, de monter un moment du jour sur cette terrasse dépendante de leur domaine, de goûter le bonheur de la sentinelle, d'embrasser d'un regard cette ville dont ils sont séquestrés, de rafraîchir leurs poumons dans cette atmosphère salubre toute imprégnée des parfums du Jardin des Plantes ; mais la loi rigoureuse de la maison interdit cette promenade : un seul homme jouit de ce privilége ; c'est le major Swan, Américain ; il a fallu qu'il l'achetât par vingt-trois ans de captivité. De ce point de vue on découvre parfaitement la grande cour intérieure de Sainte-Pélagie, et l'on compte les deux cent onze fenêtres à barreaux des détenus.

Cette cour est divisée en deux, par une galerie basse et couverte, au centre de laquelle s'élève une coupole ardoisée ; c'est la chapelle de la maison : la nuit son effet est pittoresque, et la calotte gris de plomb ressemble assez bien à des dômes de mosquée de Constantinople ou du Caire. L'intérieur est étroit, pauvre et malsain ; il semble que là, la prière doit être étouffée et écrasée, qu'elle est prisonnière, et qu'elle ne peut monter à Dieu. Le dimanche, à la messe ou aux offices, on souffre à voir tant de visages pâles ; on sent qu'ils manquent d'air, et l'on croit voir tous ces malheureux fidèles placés sous le récipient d'une machine pneumatique.

Mais à quoi bon ces méditations philantropiques? Notre livre serait trop long ; il est temps d'abandonner ces aperçus généraux, et de nous resserrer dans les détails d'intérieur : c'est le but de cette notice.

Sainte-Pélagie est divisée en deux sections : la dette et la détention. Cette dernière occupe : 1° le deuxième étage du midi, appelé le *Corridor Saint-Louis,* plus une chambre au troisième. Ce corridor Saint-Louis se trouve ainsi placé entre l'ancien Corridor-Rouge, et les mansardes qu'on a décorées du nom de *Palais-Royal,* résidences affectées à la dette. 2°. Dans le corps de logis de l'est, toute la longueur du deuxième étage jusqu'aux limites de la cour; là se trouve la grande salle commune qu'on nomme la *Préfecture.* 3°. Tout le rez-de-chaussée où sont les ateliers. C'est là que, sous l'inspection d'un entrepreneur-général, les pauvres détenus se livrent à un travail manuel, dont ils retirent un exigu salaire. Il semble que, par la nature même de leurs occupations, on ait voulu attacher constamment leurs yeux à des images de douleur, à des symboles d'esclavage : leurs occupations quotidiennes se réduisent à confectionner des espagnolettes, des agrafes et des cravaches, c'est-à-dire des ferremens, des chaînes et des verges!

Toutes les autres parties de l'établissement servent aux logemens des détenus civils.

Etrange contraste dans ces deux sections ! Il y a là deux colonies bien distinctes, deux peuples bien différens de physionomie, et séparés seulement par l'épaisseur d'un mur. Ici, une sorte de gouvernement démocratique; là, le régime de la monarchie absolue. Nul rapport sympathique entre eux; mœurs, lois, caractère, réglemens, plaisirs, habitudes de vie, rien n'est commun à l'un et à l'autre. Les uns gais, turbulens, gastronomes; les autres tristes, taciturnes et sobres; ils couchent sous le même toit; et cependant tandis que les uns, claquemurés de bonne heure, dorment sur la paille ou sur le lit de sangle, les autres, libres dans leurs corridors, prolongent les douceurs d'un festin nocturne, passent et repassent mille fois devant leurs chambres illuminées, entonnent de bruyans refrains, ou entament des colloques interminables qui troublent les rêveries du poëte de la détention : citoyens de la même ville, ils se touchent sans se connaître; habitans du même climat, ils en reçoivent des influences opposées; en un mot, les *dettiers* sont les Athéniens de Sainte-Pélagie; nous en sommes les Spartiates.

Terminons ici ce parallèle et ces digressions. J'ai promis de laisser des renseignemens de localité aux futurs usufruitiers de ma chambre; il faut que je rentre dans le corridor Saint-Louis. Voici donc la partie utile du livre : j'en viens aux préceptes.

Quand, de concert avec l'huissier de la Cour royale porteur du *compelle intrare,* vous aurez pris jour pour vous constituer prisonnier, ce jour venu, il est fort inutile de vous présenter de grand matin à la porte de Sainte-Pélagie; ne vous pressez pas : vous pouvez fort bien encore déjeuner avec vos amis, faire votre promenade sur les boulevards, et même dîner avec votre femme si vous en avez une. Contentez-vous d'arriver avant la fermeture du greffe ; cette journée vous sera comptée comme pleine. Le jour de votre délivrance, profitez également du bénéfice de la loi. Soyez levés avant l'ouverture des portes, faites vos adieux à vos amis et sortez promptement de chez M. Mangin : c'est encore un jour que vous gagnerez. Vous noterez qu'ici tous les mois sont de trente jours.

Si, à votre arrivée, le hasard vous présente plusieurs chambres vides, il y a un choix à faire. En hiver, prenez celles qui sont au midi; en été, celles qui donnent sur la cour. Si la durée de la détention embrasse toutes les saisons, déterminez-vous toujours pour le nord; car, avec un poêle, vous supporterez sans peine le froid le plus rigoureux, tandis que toutes vos précautions ne pourraient vous garantir des soleils dévorans d'été, réfléchis vers vos barreaux par la blanche façade du bâtiment neuf.

Si la détention dépasse deux mois, en prenant possession de votre chambre, faites blanchir, laver, tapisser et vernir, surtout pendant les chaleurs.

Regardez comme un très-grand malheur, celui d'être mis dans une chambre déjà occupée par un ou plusieurs. Quel que fût votre *chambriste,* il vous faudrait renoncer à tout travail d'esprit et à toute liberté domestique. Par cette raison, gardez-vous bien de vous laisser séduire à l'aspect de la chambre du troisième étage avec son petit cabinet, son carré, son air pur, et son jardin encaissé sur la fenêtre; à moins d'avoir une garantie de possession exclusive, signée du préfet de police, ayez en horreur cet appartement, vous n'en seriez jamais le maître.

Je conseille à mes confrères qui viendront ici de ne se charger que d'un très-petit bagage. Les chambres sont si étroites, qu'elles sont entièrement encombrées par deux ou trois jours d'habitation; si l'on éprouve quelques besoins, on y pourvoira successivement.

Conformez-vous aux réglemens de la maison, ou, si vous les violez, évitez le scandale : quelques jours avant mon arrivée, un imprudent fut surpris en flagrant délit avec une fiole de rhum ou d'eau-de-vie. On le traita comme un homme de lettres : il fut transféré à Poissy.

Ne lésinez pas avec le garçon de corridor; il vous sera d'une utilité continuelle. Chargez-le du soin de vous acheter le matin les œufs ou la crême ; il vous épargnera la peine de vous lever, si vous passez comme moi la nuit à écrire. Je dois ici vous recommander fortement l'usage de cette crême qui d'honneur est excellente, et je suis bien aise de venger ici notre bonne laitière calomniée par les *Ermites* qui accusent méchamment son lait d'être éclairci par l'eau de la Seine.

Promenez-vous jusqu'à la lassitude, soit dans les corridors, soit dans les cours. Si vous êtes malade, traitez-vous dans votre chambre, ou obtenez la maison de santé; fuyez surtout l'infirmerie pestilentielle de la maison ; MM. Bourgeois et Pinel gémissent chaque jour en entrant dans cet infâme labyrinthe ; ils guérissent leurs malades, l'infirmerie les tue.

Heureux le prisonnier qui est visité par ses amis! Quelle vive émotion, quand il entend à sa porte la pulsation du doigt interrogatif! Avec quel empressement il s'écrie : Entrez! Oh! puissent vos amis ne pas vous oublier dans le corridor Saint-Louis! puissent-ils remplir chaque jour votre petite cellule !

Toutefois, il faut le dire la tâche que j'ai entreprise m'impose un dernier conseil : si l'étude vous est chère, si la perte du temps est cruelle pour vous, n'hésitez pas, sevrez-vous des visiteurs; dans le monde vous avez mille moyens pour éviter un abordage ; ici toutes ces ressources sont interdites.

Le cas est terrible, je l'avoue ; j'ai vu un compagnon d'infortune réduit à écrire des circulaires à une vingtaine de ses meilleurs amis, et à placarder dans l'intérieur de sa chambre un arrêté tendant à abréger les visites. Je n'ose vous prescrire cette mesure énergique, et je laisse votre salut à vos sages inspirations.

J'aurais pu facilement prolonger cet aperçu, en fouillant dans les chroniques l'historique de cette maison depuis son origine jusqu'à nous; mais je crois cette érudition de dates, fastidieuse pour la plupart, et inutile pour tous. Les prisonniers enfermés à la Bastille s'inquiétaient peu de savoir qu'elle avait été fondée par Marcel, prévôt des marchands, en 1309, et terminée en 1383; et nous, serons-nous bien avancés de lire dans Moreri, que nous devons Sainte-Pélagie à une dame Miramion; et que vers ce temps là, en 1665, on y renfermait des femmes *repenties*, à peu près comme sont repentans les hommes de lettres qui l'habitent aujourd'hui?

Appliquons notre mémoire à une chronologie moins poudreuse. L'histoire seule des quarante ans qui s'écoulent a plus d'intérêt pour nous que les quatorze siècles de notre vieille monarchie. Qu'on bâtisse des maisons de force et des citadelles pour le pouvoir, le peuple oubliera bientôt cette époque; qu'on les détruise, il éternisera la date de leur chûte; il ne sait plus en quelle année fut fondée la vieille Bastille, et le 14 JUILLET est impérissable dans ses souvenirs.

¹ Menjaud de Dammartin, rival de Desglajeux.

En première instance, associant à la verve éloquente de mon défenseur ma faible voix de poéte, je voulus dans un *plaidoyer en vers* justifier *le Fils de l'Homme*. Pour la première fois peut-être les voûtes de la police correctionnelle retentirent de logiques alexandrins ; mais l'essai ne fut pas heureux, M. Menjaud m'écrasa du poids de sa prose. Dès-lors je renonçai à toute défense poétique, je sentis mes inspirations tomber devant ce Palais de Justice si grave, si positif ; d'ailleurs revenir à la charge en Cour royale eût été un pléonasme, un *bis in idem*. Mᵉ Mérilhou seul pouvait rajeunir, dans son argumentation brillante et serrée, une matière déjà vieillie :

> Si Pergama dextrâ
> Defendi possent, etiam hâc defensa fuissent.

² A travers le guichet j'ai reçu ta missive.

Le premier guichet est à l'entrée extérieure, le second sur le petit perron de la première cour. Tout ce qui entre à Sainte-Pélagie doit passer par le guichet, et être vérifié avec soin. Là, sont arrêtées toutes les lettres adressées aux prisonniers ; elles passent par le cabinet noir qui les décachette, et elles ne sont rendues qu'après cette épreuve inquisitoriale.

³ Que Corbière accordait a l'indigent poete.

Que faut-il à un homme de lettres? Cinquante francs par mois et une mansarde, disait le ministre breton. Pour un bibliophile le mot est dur. Grâce à mes juges, je vais forcer le gouvernement à me subventionner d'une manière plus généreuse. Je lui dois, d'après M. Guillebert, 1181 francs, ou six mois de prison. En optant pour le dernier mode d'acquittement, j'arrache au Trésor 186 fr. 83 c. par mois, et de plus un logement gratuit au deuxième étage, logement de huit pieds carrés, mais à l'abri de toute taxe mobilière ou personnelle.

⁴ Menjaud de Dammartin m'a fait ces doux loisirs.

Encore M. Menjaud de Dammartin! pour cette fois, il n'a pas à se plaindre; je lui donne le rôle d'Auguste, et moi, je suis le Tityre de l'églogue.

⁵ Il n'est plus! les *dettiers* l'ont conquis pour toujours.

C'est l'expression consacrée, comme celle de *visitans* pour visiteurs.

⁶ Ce vieux *corridor-rouge* aux étroites limites,
Où priaient autrefois de profanes ermites.

Dans la notice préparatoire, nous avons déjà établi la position du corridor-rouge. Il était riche en souvenirs. Messieurs Jay et Jouy, qui en ont été les ermites et les légendaires, ont eux-mêmes ajouté à ses vieilles illustrations. Je dois dire toutefois que M. Jouy se trompe ou veut se tromper quand il transporte dans sa chambre les grandes notabilités de Sainte-Pélagie. Madame Roland n'habitait pas le corridor-rouge, mais bien le corridor Saint-Louis; suivant les meilleures traditions, elle fut enfermée au n° 9, et Joséphine Beauharnais eut le n° 11, et non la chambre de l'ermite. Quant à Mina, qui parvint à s'évader, on croit qu'il était logé dans le même corridor, au n° 32, que j'occupe moi-même.

A ces noms, on doit ajouter encore madame Pétion, qui s'y trouva avec la citoyenne Roland. Enfin Sainte-Pélagie conserve avec soin sur ses écrous, le nom de ce bon M. Franchet qui, avant son avénement au ministère de la police, fut un des locataires de la maison. Il y entra le 15 février 1811, et n'en sortit que trois ans après.

Ce noviciat pour arriver au pouvoir est tant soit peu rude, j'en conviens; cependant je crois qu'il serait très-utile à un préfet de police de passer au moins quelques mois en qualité de prisonnier, soit ici, soit à Poissy, à son choix, pour connaître à fond l'empire et les sujets qu'il est appelé à gouverner.

⁷ Mais dans ce corridor qu'on nomme *Saint-Louis*.

C'est, comme nous l'avons dit, la partie affectée aux hommes de lettres; d'autres détenus occupent les autres chambres du même corridor; la plupart y sont pressés au nombre de deux ou de trois; il est très-difficile d'obtenir l'avantage d'être seul.

⁸ Le Vatel du logis, restaurateur sans carte.

Je recommande à mes successeurs ce bienfaisant cuisinier; ce qu'il sert est assez bon pour être mangé et pas assez pour exciter à des excès de table qui pourraient être nuisibles par le manque d'exercice. C'est une cuisine neutre, un terme moyen entre le jeûne et l'intempérance.

⁹ . . . . Les fraîches arcades
D'une cour dévolue à mes noirs camarades.

Cette galerie, dont j'ai parlé au commencement de ces notes, est supportée au nord par les piliers de la galerie.

La cour est à l'usage de la détention toute la journée, excepté depuis une heure jusqu'à trois; elle est alors ouverte aux dettiers. Cependant les jeudis et dimanches elle nous appartient exclusivement.

L'épithète de noirs que je donne ici à mes camarades ne s'applique ni à leur peau ni à leur ame. J'ai voulu désigner seulement la couleur de l'uniforme de la maison. Ce vêtement noir consiste en un pantalon et une veste qui passent au hasard et par succession sur toute espèce de formes d'homme. Règle générale : on donne cette déplorable livrée à tous ceux qui n'ont pas droit de cité au corridor Saint-Louis : en sortant, ils la laissent au vestiaire, et quelquefois ils ne tardent pas à venir la reprendre.

¹⁰ Douze arbustes sans fruits écroués comme nous.

On a remarqué que les arbres assez malheureux pour respirer l'air de cette cour, ne commencent à verdir que fort tard, et perdent tout leur feuillage vers le mois de juillet.

¹¹ Le benin guichetier vient *boucler* le fermoir.

En langage de prison *boucler* est synonyme de fermer. Chaque côté du corridor est alternativement bouclé le premier. En hiver on boucle à huit heures; dans les grands jours, à neuf. L'ouverture se fait suivant les saisons, à six heures ou à huit du matin.

¹² Je puis former en tout trois pas géométriques.

Trois pas carrés; c'est à peu près la dimension de toutes les cellules. Mon inventaire du mobilier est d'une exactitude parfaite; les poetes en général qui ont chanté leurs chères mansardes, ont embelli leurs descriptions d'un luxe de pauvreté idéale; ici, tout est rigoureusement vrai; si je parle de trois rayons, c'est que j'en ai trois et non pas quatre. J'aurais dû encore faire mention d'un petit pupitre à bascule que j'ai fait construire et dont je recommande l'usage à tous les écrivains paresseux. Au moyen de cette tablette on peut écrire quoique couché dans son lit; on la redresse contre le mur quand on ne veut plus s'en servir, ou bien on la laisse abattue sans qu'elle gêne le moins du monde. Tout ce que j'ai écrit à Sainte-Pelagie l'a été sur cette tablette.

¹³ L'informe manuscrit de mes *Douze Journées*.

Depuis plus d'un an, je me trouve en présence de ce sujet, dont la difficulté me poursuit tout le jour et me pèse parfois la nuit comme un cauchemar pénible. Je vis dans cette atmosphère de force et d'action populaire; juge et témoin, j'assiste à ces débats où la République décrétait un échafaud à la monarchie, où les factions se dévoraient l'une après l'autre; j'entends les cris des montagnards, les harangues des clubs; je vois luire les piques des faubourgs. Jamais la poésie n'avait abordé cette scène immense, et moi-même, frémissant comme la pythonisse sur son trépied, je m'agite, épouvanté du Dieu. La santé de mon collaborateur habituel l'ayant empêché de me prêter, dans ce travail, son utile coopération, je ne crois pas pouvoir, avant le mois d'octobre prochain, livrer au public le premier résultat de mes efforts. Toutefois avant cette époque un prospectus précisera les épisodes ou tableaux que j'ai choisis, et l'ordre de leur publication.

¹⁴ Au noble mobilier de la double pistole.

Le loyer de la chambre est gratuit; dans tous les cas on paie chaque mois le louage de l'ameublement ainsi qu'il suit :

Lit ordinaire, deux matelas, draps, une couverture et un traversin. . . . . 4 f. 10 s.
Pour chaque couverture en sus. 6
Un oreiller. 9

Une chaise.   6
Une table.   6

¹¹ Bert au visage calme........

Je dois à Sainte-Pélagie la connaissance d'hommes distingués, dont l'amitié est honorable, et dont le savoir remplit les longues heures de la captivité. M. Bert, rédacteur-gérant du Journal du Commerce, est de ce nombre. Grave et profond, nul mieux que lui ne sait cacher sous des dehors simples et affectueux une portée d'esprit peu commune. Jamais dans la conversation M. Bert ne cherche son terrain ; mais quelque part qu'on le conduise, il s'y montre fort et brillant, poétique et rationnel. J'ai peu vu d'hommes à la fois plus éclairés et plus modestes. Qu'il me permette cet éloge, personne ne le démentira.

¹⁶ Châtelain.........

M. Châtelain, rédacteur-gérant du Courrier Français, est venu expier à Sainte-Pélagie un article sur l'association bretonne, et un autre sur le philantrope M. Mangin. Seul entre les hommes du 8 août, M. Mangin s'est cabré contre les attaques personnelles ; M. de Bourmont n'a pas dit mot quand on l'a accusé d'avoir passé à l'ennemi ; M. le préfet de police ne veut pas qu'on mette en doute son humanité. Décidément, M. Mangin est l'être le plus bilieux du ministère.

¹⁷ Magalon, le héros de la captivité.

M. Magalon est sur le point d'atteindre le seuil de la liberté, c'est-à-dire qu'il termine le troisième volume de sa triste histoire; sa première détention fut de quinze mois, la seconde de quinze jours, et cette dernière était d'un an. Son premier écrou fut inscrit à la Force le 3 février 1823; depuis ce jour il a souffert sous trois préfets successifs, et la plus dure de ses persécutions eut lieu sous le règne de Delavau. Les journaux ont retenti pendant des années de cette iniquité jusqu'alors inouie; des historiens ont fait le récit de ce triste épisode de sa vie, mais nul ne l'a fait avec la simplicité effrayante de l'auteur lui-même; il a écrit l'évangile de sa passion.

On lit encore, avec indignation et douleur, un écrit qu'il publia à ce sujet, intitulé : *Ma Translation, ou la Force, Sainte-Pélagie et Poissy*. Dans ce dernier séjour à Sainte-Pélagie M. Magalon a consacré une partie de son temps à un ouvrage qui a paru tout récemment : *Les Veillées de Sainte-Pélagie*, où des questions de morale et de législation sont traitées sous une forme dramatique tout-à-fait neuve et pleine d'intérêt.

¹⁸ C'est le baron de Trenck de la littérature.

Il est peu de personnes qui ne connaissent l'histoire du baron de Trenck; on sait que chargé de cent livres de chaînes, il supporta vingt ans de captivité dans la citadelle de Spandaw.

[19] Il sait de tous les temps les mœurs et les usages.

C'est uniquement par habitude de collége et très-innocemment que ce vers de Boileau se trouve ici.

[20] Fontan que chaque jour notre plainte déplore.

Pauvre Fontan! lui poète doux et inoffensif, on l'a traité à l'égal d'un galérien! Après sept lieues de marche entre deux gendarmes, on l'a mis au bain côte à côte avec un voleur; on l'a revêtu de l'habit bariolé; on lui a posé sur la tête l'infâme bonnet de la maison, sous lequel ses cheveux ont à l'instant blanchi, et dans ce hideux accoutrement on l'a livré à l'entreprise. Là, sous une loi de fer commune à tous, il vit dans une atmosphère empestée, couche dans la vermine, mange à la gamelle, boit au verre commun, et va, recommençant son éducation, tisser le coton ou carder la laine. Pauvre Fontan! on l'a livré comme marchandise, et l'entrepreneur l'exploite. Et puis la Gazette, avec son rire féroce et stupide, vient vous dire que c'est la loi. Silence, barbouilleurs monarchiques! Etait-ce la loi quand vos confrères en absolutisme, effleurés par une condamnation, allaient subir leur peine sous de vertes allées ou des berceaux odorans? Taisez-vous! Soyez cruels, si vous le voulez; mais pour Dieu! ne soyez pas absurdes.

²¹ Sitôt qu'enveloppé de ses amis en deuil,
De Sainte-Pélagie il a franchi le seuil.

C'est une sorte de cérémonie funèbre, que l'entrée d'un condamné à Sainte-Pélagie. En tête s'avance, d'un air grave, le noir délégué de Thémis. Le convoi des amis se montre ensuite : il accompagne le corps jusqu'à la porte du greffe, entre avec lui dans le cimetière du guichet et ne le quitte qu'après l'avoir déposé dans la tombe de l'écrou. Alors l'huissier et les assistans se retirent, et la scène se passe entre le criminel et le Rhadamante du greffe ; celui-ci vous interroge : vous déclinez vos nom et prénom, âge, profession et domicile. On enregistre vos réponses avec le jour de votre entrée et l'extrait du jugement qui vous a condamné. On prend votre signalement exact, après quoi on vous fait passer sous la toise comme au bureau des passeports ou comme un cheval de remonte, et le tout est inscrit sur le livre des écrous. Ainsi, pour connaître la véritable hauteur de quelques-uns de nos grands hommes, on peut consulter le greffier qui les a toisés.

²² Fait cent nonante-sept, comme dit Mérindol.

Messieurs du Roi ont souvent créé des mots qui resteront. *Si j'étais compétent !* a fait la fortune de M. Mangin ; *insolent* sera probablement celle de M. Menjaud. La métaphore de *cuir bouilli* planera sur la tête du Breton Keranflec comme une auréole lumineuse, et mon compatriote Mérindol ira sans doute à la postérité, à cheval sur son *nonante-cinq*.

²³ Sur un chétif Ouvrard parodier Séguin.

En posant les termes d'une proportion arithmétique, la comparaison entre M. Ouvrard et moi serait comme cinq millions sont à onze cent quatre-vingt-un francs. Il y aurait outre cela la distinction entre vouloir et pouvoir; entre de beaux appartemens dorés à la Conciergerie, et la double pistole de Sainte-Pélagie. On le voit, c'est toujours comme dans les comédies anciennes : le financier écrase le poëte. Toutefois j'ai un avantage sur M. Ouvrard; cet avantage le voici : Mon créancier ne procède pas par entêtement, mais par méthode et légalité. M. Guillebert est l'homme du fisc, homme sans passion et sans rancune; et ce n'est pas lui qui, pour prendre une heure de passe-temps, ferait chaque jour, comme l'estimable M. Séguin, monter ses chevaux dans les salons de son hôtel.

FIN.

www.ingramcontent.com/pod-product-compliance
Lightning Source LLC
LaVergne TN
LVHW022212080426
835511LV00008B/1723